Auguste Walras

Mémoire sur l'origine de la valeur d'échange

Essai

 Le code de la propriété intellectuelle du 1er juillet 1992 interdit en effet expressément la photocopie à usage collectif sans autorisation des ayants droit. Or, cette pratique s'est généralisée dans les établissements d'enseignement supérieur, provoquant une baisse brutale des achats de livres et de revues, au point que la possibilité même pour les auteurs de créer des œuvres nouvelles et de les faire éditer correctement est aujourd'hui menacée. En application de la loi du 11 mars 1957, il est interdit de reproduire intégralement ou partiellement le présent ouvrage, sur quelque support que ce soit, sans autorisation de l'Éditeur ou du Centre Français d'Exploitation du Droit de Copie , 20, rue Grands Augustins, 75006 Paris.

ISBN : 978-1986581820

10 9 8 7 6 5 4 3 2 1

Auguste Walras

Mémoire sur l'origine de la valeur d'échange

Essai

Table de Matières

Introduction	7
Section I	8
Section II	20

Introduction

De quelque manière qu'on entende l'*économie politique*, quelle que soit l'idée qu'on se fasse de son domaine et de son but, il est facile de reconnaître que l'idée de la *valeur d'échange* joue un grand rôle dans toutes les théories qui se rattachent à cette science, et qu'à tel titre ou à tel autre, elle mérite constamment de fixer l'attention des économistes.

Quant aux écrivains qui considèrent l'*économie politique* comme la science de la *richesse sociale* et qui n'hésitent pas à identifier la *richesse sociale* avec la *valeur échangeable*, il leur est manifestement impossible d'attacher une trop grand importance à cette dernière idée. Tout ce qui tient à la *valeur d'échange* est fondamental en *économie politique*. David Ricardo l'a proclamé ; J.-B. Say l'a répété après lui ; et il est certain que, dans le système de ces écrivains, leur assertion est parfaitement fondée.

L'idée de la *valeur d'échange* est donc une idée fondamentale en *économie politique*. Ajoutons à cela que, s'il y a quelque chose de plus fondamental que tout le reste, c'est, sans contredit, la question de *l'origine de la valeur*. Et, en effet, la nature d'un être ou d'un phénomène quelconque est essentiellement liée à l'origine de cet être ou de ce phénomène. Il ne faut pas s'étonner que la question des causes ou des origines ait obtenu de tout temps une importance si remarquable, et qu'elle ait exercé d'une manière si distinguée la sagacité des philosophes. La connaissance des causes peut seule nous éclairer sur la nature des effets. C'est un moyen indispensable et infaillible tout à la fois pour connaître et pour approfondir la nature et le caractère d'un fait ou d'un objet, que de savoir d'où il vient et d'où il dérive. Aussi n'y a-t-il que de faux savants ou des esprits superficiels qui puissent rester insensibles à l'exclamation du poète philosophe :

Felix qui potuit rerum cognoscere causas !

Qu'on me pardonne ces réflexions. J'aurais pu les supprimer mais elles m'ont paru nécessaires pour faire comprendre et pour justifier, jusqu'à un certain point, l'espèce de solennité avec laquelle j'ai posé et agité, à différentes reprises, la question très importante, en *économie politique*, de *l'origine de la valeur échangeable*. Abstraction faite des considérations que je viens d'exposer, il me suffirait de citer l'exemple des économistes les plus célèbres, pour faire approuver le but que je me propose, et l'obstination avec laquelle je crois devoir le poursuivre. D'un autre côté, l'expérience vient encore appuyer et soutenir ma résolution. Je ne crains pas de le dire, c'est à mesure que la question de l'origine de la valeur d'échange a été plus nettement conçue et plus clairement discutée que l'*économie politique* est sortie des ténèbres qui entouraient ses premiers pas, et il ne serait pas trop téméraire d'avancer que les progrès de cette science ont été en raison directe des efforts que l'on a consacrés, dans ces derniers temps, à la solution de la question que je viens de signaler.

J'ai exposé ailleurs[1] mon opinion personnelle sur cette question, et je ne prétends pas la reproduire ici. Mais, en supposant que je fusse hors d'état d'en présenter moi-même une solution satisfaisante, il me serait toujours permis de signaler les fausses routes où se sont égarés, jusqu'à ce jour, les économistes les plus célèbres. Et, en effet, il y a plusieurs moyens de préparer et d'assurer le triomphe de la vérité. Sans doute, un des plus puissants, c'est de la montrer et de la faire briller dans tout son jour ; mais pour parvenir à ce but, il n'est pas inutile d'attaquer les erreurs accréditées et de dissiper les fausses lueurs qui s'opposent à son triomphe.

Il règne aujourd'hui, dans le monde économique, deux opinions principales sur l'origine de la valeur d'échange : l'une qu'on peut appeler l'opinion des économistes anglais, et qui s'appuie sur l'autorité de *Smith*, de *Ricardo*, de *Mac Culloch* ; l'autre, qu'on peut appeler la doctrine française, et qui se recommande par les noms de *Condillac* et de *J.-B. Say*. La première fait venir la valeur d'échange du travail ou des *frais de la production*. La seconde place la cause de la valeur dans l'*utilité*. Je me propose d'exposer successivement ces deux opinions et de les combattre l'une après l'autre. Je commencerai par celle des économistes anglais.

Section I

Parmi les choses qui nous sont *utiles*, parmi les choses qui

---
[1] De la nature de la richesse et de l'origine de la valeur, 1 vol. in-8°, 1831.

sont propres à satisfaire nos divers besoins, et que, dans un sens général et absolu, nous appelons des *biens* ou des *richesses*, il y en a qui jouissent d'une *utilité directe* ; il y en a d'autres qui ne présentent qu'une *utilité indirecte*, C'est à peine si j'ai besoin de définir ces expressions : elles sont assez claires par elles-mêmes. Il suffit de quelques exemples pour faire comprendre parfaitement la différence qui existe entre ces deux espèces d'utilité. Personne n'ignore qu'un arbre, planté au milieu d'une forêt, n'a, à beaucoup d'égards, qu'une utilité indirecte ; car, si l'on veut en faire des meubles ou du bois à brûler, il faut le couper ou le façonner d'une certaine manière, pour qu'il se prête à l'usage que l'on a en vue. La mine de fer qu'on tire des entrailles de la terre n'a également d'abord qu'une utilité indirecte ; elle doit subir plusieurs opérations avant de nous donner un couteau, un sabre, une clef, une serrure, etc. Ce que nous devons remarquer ici, c'est qu'il est impossible, sous ce rapport comme sous beaucoup d'autres, d'établir, parmi les choses dont nous nous servons, une démarcation tranchée et absolue. L'*utilité* est essentiellement relative au besoin qu'elle satisfait, à la jouissance qu'elle procure. Il est donc évident que pour savoir et pour décider si une chose est *directement* ou *indirectement* utile, il faut avoir égard au besoin qu'elle est appelée à satisfaire, à la jouissance qu'elle doit procurer. On ne peut pas dire, de prime abord, que telle chose a une utilité directe ou indirecte. Mais cela ne doit pas nous empêcher de comprendre que, relativement aux divers besoins que nous éprouvons, et par rapport aux différentes jouissances dont nous sommes susceptibles, il y a des choses d'une utilité plus ou moins *directe* ou *indirecte*, c'est-à-dire des choses dont la forme extérieure et constitutive se rapproche plus ou moins du but final de toute utilité, qui est la satisfaction d'un besoin ou la production d'une jouissance. Cette division est essentiellement relative, je le répète ; on ne peut pas l'imposer aux choses *à priori* ; mais aussitôt qu'on a égard à un besoin déterminé, on trouve sur-le-champ et très facilement les choses qui sont propres à le satisfaire immédiatement, et celles qui ne peuvent le faire que médiatement ou après avoir subi plusieurs transformations. Ainsi, par rapport au besoin de manger, par exemple, le pain est plus directement utile que la farine, et la farine elle-même est d'une utilité plus directe que le blé. Relativement au besoin de boire, le vin a une utilité plus directe que le raisin qui est encore dans le pressoir ou sur la vigne. Un habit tout fait est bien plus près de satisfaire le besoin qui le réclame que l'étoffe étalée en pièce chez le marchand drapier. L'utilité du drap, à son tour, est bien plus directe que celle de la laine dégraissée et filée, et la laine elle-même dans quelque état qu'elle se trouve, est déjà plus apte à nous vêtir, elle peut nous servir d'une manière plus immédiate que la toison qui est encore sur le dos de la brebis. Tout cela me paraît assez clair, et ce sont là, si je ne me trompe, des vérités assez simples pour être triviales. En voici une autre qui ne l'est pas moins.

Pour qu'une chose qui n'a qu'une utilité *indirecte*, acquière une utilité *directe*, il faut, le plus souvent, qu'elle soit soumise à un certain *travail*, qu'elle subisse une opération manufacturière. C'est l'industrie humaine qui transforme continuellement les *utilités indirectes* en *utilités directes* ; c'est l'industrie humaine qui, d'un objet qui ne peut nous servir que médiatement, tire un nouvel objet capable de nous servir immédiatement. Ainsi, pour faire de la farine avec du blé, il faut employer le travail du meunier, et pour faire du pain avec de la farine, il faut que l'industrie du boulanger vienne à notre secours. On ne peut pas faire du vin avec du raisin, sans le travail du vigneron. Celui du tisserand est nécessaire pour métamorphoser la laine en drap, et, pour faire un habit avec ce même drap, il faut avoir recours à l'art du tailleur d'habits. Portons les yeux sur tout ce qui nous entoure ; plaçons-nous au milieu d'une campagne fertile et riante, au sein d'une ville populeuse, industrieuse et commerçante, ou bien dans l'intérieur d'une maison d'habitation ; examinons l'un après l'autre tous les objets qui frappent nos regards ; il nous sera bien difficile d'en trouver un sur mille qui ne porte pas l'empreinte de l'industrie humaine, qui ne doive pas au *travail* quelqu'une de ses propriétés, qui ne soit pas, jusqu'à un certain point, le fruit de notre activité.

Frappés de cette considération certainement très importante, et que je ne cherche point à affaiblir, n'ayant pas de peine à s'apercevoir que la *richesse sociale* se compose de choses qui ont été, pour la plupart, façonnées par l'industrie humaine, et que les objets dont nous nous servons, que nous achetons et que nous vendons, ont presque tous été soumis à un certain travail, des économistes sont survenus qui ont placé dans le *travail* l'origine de la richesse, et qui, voyant dans la *production* ou dans les différents actes de notre industrie une longue et perpétuelle création de choses utiles, ont donné aux richesses proprement dites, ou à tous les objets qui ont de la valeur, le nom générique de *produits*, et ont avancé que la *valeur d'échange* n'avait d'autre origine que les *frais* mêmes *de la production*, ou la somme des dépenses qu'il fallait faire pour confectionner ces produits. Cette opinion, dont le germe se trouve dans les écrits de *Galiani*, s'est principalement développée en Angleterre, pays d'industrie et de manufactures. Elle a été érigée en système par *Adam Smith*, adoptée et développée par ses disciples ; et l'on conçoit avec quelle facilité des écrivains anglais ont pu se laisser aller à cette illusion. Cette manière de voir est erronée, je n'hésite pas à le dire ; non que le travail ne soit un fait très important, un phénomène essentiel dans la théorie de la richesse sociale, ou, pour mieux dire, dans la théorie de la production et de l'industrie ; non que le travail n'ait pas une valeur d'échange, et que cette valeur ne s'ajoute pas naturellement à celle de l'objet sur lequel, il s'exerce ; mais, en n'ayant égard qu'au *travail* et à ses effets, on ne considère que la cause d'une augmentation de valeur dans un objet qui valait déjà quelque chose ; on n'a pas atteint la véritable source de la valeur d'échange en général. En partant de la *production*, de l'*industrie* ou du *travail*, on ne va pas au fond de la question qui nous occupe, celle de l'origine de la valeur échangeable. On se fait illusion sur la nature de la *richesse sociale*, et sur le véritable objet de l'*économie politique* ; on construit une théorie telle quelle de la *production* ; on décrit avec un certain degré de fidélité le rôle de l'industrie et des manufactures, mais on ne donne point une théorie exacte et complète de la valeur d'échange, de sa nature et de son origine.

La doctrine que je signale ici, la doctrine anglaise, en un mot, suppose, comme un principe admis et reconnu, que la richesse sociale est entièrement le fruit de la production, ou que toutes les *valeurs* sont des *produits*. Les mots *produit* et *valeur* sont synonymes dans l'école de *Smith* et de ses disciples. Il y a bien, si l'on veut, dans la doctrine des économistes anglais, cette nuance ou cette différence entre la *valeur* et le *produit*, que la *valeur*, c'est le produit échangeable, et que le *produit* c'est la valeur fruit du travail. Mais cette différence est une différence peu importante et tout à fait secondaire ; elle tient seulement aux deux points de vue sous lesquels on peut considérer la *richesse sociale*, tantôt comme une provenance du *travail*, tantôt comme un *moyen d'acheter*; mais cette différence n'a rien d'essentiel. Au fond, les mots *valeur* et *produit* s'appliquent aux mêmes objets et désignent absolument la même classe de choses. Pour *Adam Smith* et pour ses disciples, toute *valeur* est un *produit*, et tout *produit* est une *valeur*. Or, sur ce premier point, leur théorie me paraît erronée. Et, en effet, l'opinion des économistes anglais repose sur une hypothèse qu'on peut très bien leur contester, puisqu'ils sont loin de l'avoir démontrée, et qu'il leur aurait été impossible de le faire, en supposant qu'ils l'eussent entrepris.

En général, les écrivains anglais sont restés fidèles au principe d'*Adam Smith*. Ils se rattachent très étroitement à la maxime fondamentale de cet écrivain, que la *richesse* vient du *travail*, que le travail engendre toute la richesse. En partant de ce principe, ils ont été conduits tout naturellement à placer dans le *travail* ou dans les *frais de la production* l'origine de la valeur dont cette richesse se trouve douée.

Mais d'abord est-il bien vrai que toute la *richesse sociale* provienne du *travail*, que toutes les valeurs échangeables soient le fruit de la production ? Faut-il croire, avec *Adam Smith* et avec ses disciples, que les mots *valeur d'échange* et *produit* soient synonymes ? J'avoue que, pour mon compte, je ne partage point cette manière de voir. Tous les *produits* sont bien des *valeurs*, mais toutes les *valeurs* ne sont pas des *produits*. Il y a des valeurs antérieures à la production. Et ici les faits sont pour moi ; je puis hardiment m'appuyer sur eux. Les fruits spontanés de la terre, tels que les arbres, les plantes, les animaux sauvages, la terre ou le sol cultivable considéré comme un agent de la production agricole, le travail lui-même, ou l'ensemble des facultés industrielles de l'homme considérées dans ce qu'elles ont de primitif et de *naturel*, sont autant de choses qui ont certainement de la valeur, et qui ne sont cependant pas des produits du travail. Dès lors il me paraît impossible de rattacher au travail ou aux frais de la production l'origine de la valeur que toutes ces choses possèdent. Il faut chercher ailleurs que dans la production la source des valeurs antérieures à ce phénomène.

Ceci ne prouve en aucune façon que je veuille me dissimuler à moi-même ou que je cherche à dissimuler à qui que ce soit l'importance véritablement très grande et très respectable du *travail* ou de la production dans la question de la richesse sociale. Je suis aussi bien disposé que qui que ce soit à accorder à l'industrie humaine toute la place qu'elle mérite. Mais, de ce qu'une chose est très importante dans ce monde, de ce qu'elle y joue un rôle éminent, il ne s'ensuit pas précisément qu'elle soit unique. Le soleil est un grand et beau luminaire, sans contredit ; il est la source la plus féconde de la chaleur et de la clarté. Mais cela ne nous oblige point à fermer les yeux ou à garder le silence sur la lune et sur les étoiles qui brillent pendant son absence, et sur les autres sources de chaleur qui se développent à côté de celle-là. Quelle que soit la vaste étendue de l'Océan, il serait ridicule de ne tenir aucun compte ni des lacs, ni des fleuves ou des rivières qui arrosent nos continents, qui nous fournissent aussi bien que la mer, quoique en plus petite quantité, des poissons et des productions de toute espèce, et qui nous offrent, aussi bien qu'elle, quoique dans une moindre étendue, des moyens de communication et de transport. Que l'on compare, si l'on veut, le travail au soleil, qu'on le compare à l'Océan, soit ; qu'on lui accorde toute l'importance qu'il mérite, je le veux bien ; mais que du moins on ne détruise pas la vérité en l'exagérant, et qu'on veuille bien reconnaître qu'il existe un certain nombre de valeurs d'échange, quelque petit que soit ce nombre, qui ne sont pas le fruit du travail et dont l'existence est antérieure à la production. Or, si les faits que j'invoque sont évidents et incontestables, s'il y a, comme tout le monde peut s'en convaincre, des valeurs d'échange qui ne sont pas le fruit du travail, il est impossible de placer dans le travail l'origine de la valeur, et il suffit de cette première observation pour étouffer dans son germe et pour ruiner dans son principe la doctrine de *Smith* et de ses disciples.

Mais il y a plus. Passons, si l'on veut, sur cette première difficulté. Admettons maintenant que toutes les *valeurs* soient des *produits* de l'industrie humaine et que la production soit la véritable source, la source unique de la richesse sociale. Du sein même de ce point de vue faux et incomplet, suivant moi, il me sera facile de combattre avec succès la doctrine des économistes anglais. Et, en effet, si toutes les richesses sociales sont le fruit du travail, si toutes les valeurs échangeables sont des produits, la valeur de tous ces produits ne peut alors venir que de la valeur du travail qui les a créés. *J.-B. Say* a eu raison de dire que la *production*, considérée sous un point de vue général, n'est autre chose qu'un grand échange dans lequel on donne continuellement des services productifs pour obtenir des produits en retour. Il suit de là que la *valeur des produits* n'est autre chose, sous un autre nom, que la *valeur des services productifs*. La valeur des produits n'est qu'une seconde édition de la valeur du travail. Mais alors il faut se demander : Pourquoi le travail humain a-t-il de la valeur ? D'où vient que la production entraîne des frais ? L'idée de la *valeur échangeable* est déjà dans l'idée de *frais*. C'est une observation qu'il ne faut pas perdre de vue. Et, en effet, qu'est-ce que les *frais* d'un produit, si ce n'est ce qu'on a payé pour l'obtenir, c'est-à-dire la somme des *dépenses* qu'on a faites ou des valeurs qu'on a sacrifiées pour le confectionner ? On n'a donc pas épuisé, tant s'en faut, la question de l'origine de la valeur échangeable, en soutenant que la valeur vient des frais de la production. Cela revient à dire, comme on le voit, que la valeur des produits représente la valeur des services productifs, et par conséquent celle du travail, si le travail compose à lui tout seul les frais de production. Mais la valeur du travail d'où vient-elle donc ? Et comment se fait-il que le travail vaille quelque chose ? Telle est la question que les économistes anglais n'ont pas encore résolue, qu'ils n'ont pas même posée, et qui n'en existe pas moins malgré leur négligence. Il y a donc évidemment une lacune dans leur système ; leur théorie repose sur une pétition de principe.

Je n'ignore pas, il est vrai, que les économistes ne sont pas d'accord entre eux sur la nature et sur le nombre des *services productifs*, sur le sens qu'il faut donner au mot *production*, et à l'idée dont il est le signe. Il y a plusieurs auteurs qui ne voient autre chose dans ce phénomène que la création de la richesse sociale par le moyen du travail et de l'industrie humaine, et tel est le système que j'ai combattu jusqu'à présent. *J.-B. Say*, à qui il faut rendre cette justice, qu'il s'est constamment efforcé de perfectionner sa doctrine, ou pour mieux dire, celle d'*Adam Smith* sur la production, *J.-B. Say* s'est fait de ce phénomène une idée plus large, moins incomplète, et par cela même moins fautive à certains égards. *J.-B. Say* n'admet pas comme *Ricardo*, comme *Mac Culloch*, que le travail soit la seule source de la richesse sociale, la seule origine de l'utilité et de la valeur. Les *industriels*, selon lui, ne sont pas les seuls producteurs. *J.-B. Say* décerne aussi ce titre honorable et flatteur aux *capitalistes* et aux *propriétaires fonciers*. Je n'ai point à me prononcer ici sur le fond de cette doctrine, considérée dans son ensemble et dans ses résultats. Je dois me contenter de faire remarquer que, lorsque *J.-B. Say* parle des *frais de production* ou des *services productifs*, il n'entend pas désigner seulement par là le travail des *industriels*, qui sont suivant lui, les *ouvriers*, les *entrepreneurs* et les *savants*. La création de l'utilité et de la valeur, qui en est la suite, est due, d'après *J.-B. Say*, au triple concours de l'*industrie* des *terres* et des *capitaux*. Ainsi, dans le système de cet auteur, les *services productifs* représentent des *travaux* ou des services rendus par l'industrie, des *services fonciers* ou des services rendus par les *fonds de terre*, et enfin des *services de capitaux* ou des services rendus par les *capitaux*. En d'autres termes, les frais de production se composent dans la doctrine de *J.-B. Say* de *salaires*, de *profits* et de *fermages*.

Adam Smith lui-même a enseigné que le *travail* était la *source* et la *mesure* de la valeur d'échange dans cet état grossier de la société qui précède l'*accumulation* des capitaux et la *propriété* des terres ; et quoique *Smith*, au dire de *David Ricardo*, n'ait nulle part analysé les effets de l'accumulation des *capitaux* et de l'appropriation des *terres* sur les valeurs relatives des produits ou des marchandises, il paraît, d'après ses propres expressions, qu'il ne s'est point dissimulé que le *profit des capitaux* et la *rente des terres* avaient dans un état social plus avancé une influence incontestable sur la valeur des produits ; par où l'on voit que la doctrine de *Smith* n'est pas tellement éloignée de celle de *J.-B. Say* qu'on ne puisse trouver entre les deux systèmes une analogie assez frappante.

Quoiqu'il en soit à ce sujet, la manière dont *J.-B. Say* a envisagé la question de la *production* pourrait-elle donner à mes adversaires quelque avantage dans la question qui nous occupe en ce moment, celle de la véritable origine de la valeur échangeable ? Je ne le pense point, et l'on sera bientôt tenté, je l'espère, de partager mon opinion. Quelles que soient les corrections et les améliorations introduites par *J.-B. Say* dans le système de *Smith* et de *Ricardo*, et quelque mérite qu'elles supposent dans le célèbre auteur auquel nous les devons, *J.-B. Say* n'en soutient pas moins que la *production*, considérée d'une manière générale, n'est autre chose qu'un grand *échange* dans lequel on donne continuellement des services productifs pour obtenir des produits en retour ; d'où il suit nécessairement que la valeur des produits n'est et ne peut être autre chose, sous un autre nom, que la valeur des services productifs.

Supposons donc, pour un moment, qu'on adopte la doctrine de *J.-B. Say* sur la production ; je n'aurai autre chose à faire, pour combattre et pour réfuter les conséquences qu'on voudrait en déduire, qu'à agrandir le cercle du raisonnement que je faisais tout à l'heure. La valeur vient des frais de production, me dira-t-on, et les frais de production ne sont plus seulement des *travaux*, ce sont aussi des *services fonciers* et des *services de capitaux*. Qu'importe cette différence dans la manière de concevoir la production ? Quels que soient et la nature et le nombre des services productifs, nous pouvons toujours affirmer que la valeur d'échange n'a point sa source dans la production. Et, en effet, dans le système de *J.-B. Say* comme dans celui de *Smith* et de *Ricardo*, la production se présente toujours comme un grand échange où l'on donne des services productifs contre des produits, et, dans un système comme dans l'autre, la valeur des choses qui en ont une représente toujours la valeur des choses qui ont été consommées pour les produire. Si la richesse sociale n'est jamais que de la richesse produite, si toutes les valeurs sont des produits, il s'ensuit rigoureusement que la valeur des produits n'est autre chose, sous un autre nom, que la valeur des services productifs. Or, pour mettre mes adversaires dans un embarras inextricable, il me suffira toujours de leur demander : Pourquoi les services productifs ont-ils une valeur d'échange ? D'où vient que les services productifs valent quelque chose ? Tant que la question ne sera pas posée, la théorie restera incomplète ; elle reposera toujours sur une pétition de principe bien évidente.

Mais l'esprit humain ne peut pas toujours rester enfermé dans les entraves du sophisme. La vérité cherche constamment a se produire et à se faire jour. M. *Mac-Culloch*, tout en se piquant de rester fidèle aux principes de *Smith* et de *Ricardo*, a fait un pas de plus que ses illustres maîtres. Je ne prétends pas dire que M. *Mac-Culloch* ait nettement posé la question de l'origine de la valeur, soit des produits, soit des services productifs ; mais cependant on trouve dans ses écrits des passages très remarquables où la question se trouve implicitement résolue. Si je demande à M. *Mac-*

Culloch pourquoi les services productifs ont de la valeur, ses ouvrages répondront pour lui que la production donne de la valeur aux choses en les *utilisant* ; c'est parce que le travail crée l'utilité qu'il crée la valeur d'échange. Voilà la réponse de M. *Mac-Culloch* telle qu'on peut l'induire de ce qu'il a écrit sur l'*Économie politique*. Si les *services productifs* ont de la *valeur*, c'est parce qu'ils sont *utiles*, et que leur utilité se réfléchit et se répète dans les produits. Quelle idée devons-nous nous faire de cette théorie ?

Si l'*utilité* n'est pas la cause de la *valeur d'échange*, elle en est au moins la *condition* et la condition nécessaire. Il n'y a qu'une chose utile qui puisse valoir quelque chose, et tout le monde est parfaitement d'accord là-dessus. On sent dès lors combien est naturelle la solution de M. *Mac-Culloch*, et avec quelle facilité il a dû se laisser entraîner à placer dans l'*utilité* l'origine de la valeur du *travail* ou des *services productifs*. La question de l'origine de la valeur des services productifs une fois posée, il était, ce me semble, très naturel de la résoudre ainsi que l'a fait M. *Mac-Culloch*, ainsi, du moins, qu'il paraît avoir voulu le faire. Quoiqu'il en soit à ce sujet, la doctrine de M. *Mac-Culloch* n'en est pas pour cela moins contestable.

À l'imitation de Smith, qui a placé dans la production l'origine de la richesse sociale et de la valeur qui la caractérise, M. *Mac-Culloch* place dans la production l'origine de l'utilité. Il prétend, que, hors du travail ou de la production, il n'y a rien d'utile. Cette synonymie qui existe, suivant *Smith* et *Ricardo*, et même suivant J.-B. *Say*, entre *valeur* et *produit*, M. *Mac-Culloch* la place entre les mots *produit* et *utilité*. Suivant *Smith* et *Ricardo*, la *valeur* vient des *frais de production*, suivant M. *Mac-Culloch*, l'*utilité* vient du *travail*. Telle est la nuance qu'il y a entre les deux systèmes ; tel est le léger progrès qui signale la marche du disciple sur celle de ses maîtres. Suivant *Smith* et *Ricardo* le *travail* crée la *richesse*, et par conséquent la *production* crée la *valeur* ; suivant M. *Mac-Culloch*, la *production* crée la *richesse*, parce qu'elle produit l'*utilité*. Or, comme *valeur* et *richesse* sont synonymes dans les deux systèmes, on peut conclure de la doctrine de *Mac-Calloch* que la *valeur* des produits ou des services productifs vient de l'*utilité* qui caractérise, soit les produits, soit les services productifs.

J'ai refusé de croire avec *Smith* et *Ricardo* que la production créât la valeur d'échange. Par la même raison que je leur ai contesté ce principe, je contesterai à M. *Mac-Culloch* que la production crée l'utilité ; je lui citerai des faits à l'appui de mon assertion ; le lui montrerai des choses utiles, et une multitude de choses utiles qui ne sont pas des produits et qui ne doivent point leurs propriétés à la production.

J.-B. Say a fort bien établi que l'industrie humaine ne crée point de la matière, qu'elle ne peut opérer que des changements de forme. On peut dire aussi, et c'est ce que n'a pas fait *J.-B. Say*, que, si l'on veut prendre les choses à la rigueur, l'homme ne crée point l'utilité. L'utilité est un rapport naturel et nécessaire entre la constitution de l'homme et la conformation des choses extérieures. L'utilité dérive, il est vrai, de la forme qu'ont ces choses, et cette forme, c'est souvent l'homme qui la leur donne. Je ne suis point disposé à contester des faits aussi évidents et aussi palpables, mais j'ai le droit de remarquer que, la forme des choses étant une fois donnée, l'utilité dérive nécessairement de l'analogie qui existe entre cette forme et les besoins de l'humanité. L'homme, en créant la forme a créé l'utilité ; voilà ce qu'on peut dire. Ce que je puis dire à mon tour, c'est que l'homme ne peut pas créer la forme sans créer par cela même l'utilité. L'homme façonne les choses à son gré, et de la forme qu'il leur donne résulte nécessairement une utilité plus ou moins grande. La forme dépend de l'homme et l'utilité dépend de la forme. Cela est si vrai, que l'utilité est plus ou moins grande, suivant que la forme est plus ou moins parfaite. L'homme est presque toujours le maître de changer la forme des choses ; il n'est pas toujours le maître de leur donner de l'utilité. Il arrive souvent qu'il crée de l'utilité par hasard et sans s'en douter. Il fait une chose pour s'amuser, pour se distraire, et il arrive que sans y penser et sans le vouloir, il a fait une chose utile. Souvent aussi il croit faire quelque chose d'utile, et il se trouve que, en définitive, il n'a rien fait de bon. L'utilité n'est donc pas entièrement en sa puissance. Elle se lie intimement à la forme des choses et ne peut pas se séparer de cette forme. L'homme, il faut bien en convenir, a de l'empire sur cette forme, et cet empire, il l'exerce très fréquemment, et la plupart du temps, d'une manière très fructueuse. En ce sens, on peut dire que l'homme crée l'utilité qui résulte de la forme qu'il a créée ; mais s'il crée l'utilité, ce n'est au moins que d'une manière indirecte. L'utilité est une conséquence immédiate de la forme, et l'utilité est plus ou moins grande, abstraction faite de la volonté de l'homme, suivant que la forme est plus ou moins parfaite.

Mais si j'admets que l'homme est, la plupart du temps, le créateur de certaines formes d'où résulte une utilité, je ne saurais admettre que l'homme soit le créateur de toutes les formes utiles. Assurément, il y a dans le monde une multitude de formes utiles qui sont dues à l'industrie humaine ; mais bien certainement aussi il y en a une multitude considérable dans lesquelles la production ou le travail de l'homme n'entre pour rien. Ici les faits se présentent en foule, et cette première observation suffit pour infirmer la doctrine de M. Mac-Culloch.

Je n'ignore pas, il est vrai, que M. Mac-Culloch distingue l'*utilité directe* et immédiate de l'*utilité* médiate et *indirecte*. Son opinion est que la production est la source unique de l'*utilité directe*, et qu'avant l'intervention du travail, l'utilité directe n'existe point. Je pourrais d'abord lui contester cette première assertion. Je pourrais lui citer des choses qui ont une utilité directe avant qu'aucune espèce de travail ne s'y soit appliquée. La chose ne serait peut-être pas très difficile. Mais je veux bien passer sur cette première difficulté. J'admets que l'utilité directe soit toujours le fruit du travail. M. *Mac-Culloch* croit-il sérieusement que l'utilité directe soit la seule qui puisse jouir d'une valeur échangeable ? Croit-il que les choses qui peuvent nous servir immédiatement soient les seules choses valables ? J'avoue que, pour mon compte, je suis bien éloigné de penser de même. Sans doute, je ne prétends pas confondre l'*utilité directe* et l'*utilité indirecte*, j'ai déjà tenu compte de cette distinction. Mais je regarderai toujours comme une grande erreur de croire que l'utilité directe soit la seule qui ait de la valeur et que l'utilité indirecte ne vaille jamais rien. Il y a des utilités indirectes qui ont de la valeur, et ce second fait bien constaté, suffit encore pour renverser la théorie de M. *Mac-Culloch*.

Il est si vrai que l'utilité indirecte suffit pour donner de la valeur aux choses, pour motiver le prix qu'on en donne ou qu'on en reçoit, qu'il suffit d'un sentiment vague ou d'une présomption quelconque d'utilité, pour donner de la valeur à certains objets. Si nous venons à découvrir un objet qui ne nous paraisse d'abord propre à aucun usage, mais que nous puissions juger être susceptible de nous servir par la suite, d'une manière quelconque, et dans une circonstance quelconque, nous le regarderons dès lors comme une chose précieuse, et nous sommes disposés à ne le céder à personne, sans recevoir un équivalent de la valeur que nous lui attribuons, par suite seulement de cette opinion où nous sommes que, quoiqu'il ne soit pas actuellement utile, il peut, d'un jour à l'autre, le devenir.

Enfin, et c'est par là surtout que la doctrine de M. *Mac-Culloch* doit provoquer notre attention, si les services productifs valent en raison de leur utilité, et si la production donne de la valeur aux choses en les utilisant, ce n'est pas au travail lui-même, en particulier, ou aux services productifs, en général, qu'il faut attribuer, l'origine de la valeur d'échange, c'est à l'utilité même qui résulte du travail ou de la production. Si c'est en créant de l'utilité directe ou indirecte que la production crée de la valeur, la valeur n'est plus l'effet de la production ; elle est l'effet de l'utilité. Ce raisonnement me paraît sans réplique. Or, que devient la doctrine de *Mac-Culloch* lorsqu'elle est réduite à ces termes ? Que devient la doctrine de *Smith* et de *Ricardo* ainsi modifiée par leur habile disciple ? Évidemment elle s'évanouit ; en se transformant elle s'efface en se complétant, elle se détruit ; elle perd toute son originalité ; elle retombe évidemment dans la doctrine de l'école française qui fait venir la valeur de l'*utilité*. La doctrine anglaise ne forme plus un système à part, une école distincte ; elle se fond dans la doctrine de *Condillac* et de *J.-B. Say*. Dès lors elle devra partager le sort de celle-ci ; elle restera soumise à toutes les objections que j'invoquerai contre elle. Mes arguments porteront désormais sur l'une et sur l'autre doctrine. Elles se défendront ensemble, et si elles succombent, elles succomberont toutes les deux et sous les mêmes coups.

Section II

Cette seconde doctrine qui a prévalu en France, et qui fonde la valeur d'échange sur l'*utilité*, parait préférable, au coup d'œil, à celle que nous venons de critiquer. Elle a certainement l'avantage d'être plus complète ; elle a résolu logiquement le problème qu'il s'agissait de résoudre. Ici l'explication et l'objet expliqué sont deux choses distinctes. On ne répond pas à la question par la question même. Et, en effet, l'*utilité* est un principe assez général et assez large pour expliquer tout à la fois et la valeur des *produits* et la valeur des *services productifs*, de quelque manière d'ailleurs qu'on entende cette dernière expression. En fait, la doctrine de *Condillac* et de *J.-B. Say* n'est guère plus satisfaisante que celle de *Smith* et de *Ricardo*. Elle ne repose pas, il est vrai, sur une pétition de principe ; mais elle présente d'autres inconvénients qui lui sont propres. Si la solution de *Smith* et de *Ricardo* est trop étroite, celle de *Condillac* et de *J.-B. Say* est aussi trop large. En faisant venir la valeur de l'*utilité*, on confond mal à propos ces deux phénomènes ; on leur donne à tous deux la même étendue, ce qui est bien loin d'être exact. Si la *valeur* vient de l'*utilité*, l'*économie politique* devient alors *la science de l'utilité*. Il n'aurait donc servi à rien que *Smith* distinguât la *valeur d'utilité* de la *valeur d'échange*, l'*utilité* proprement dite de l'*utilité valable* ou en d'autres termes l'*utilité* de la *valeur*.

Mais la distinction de *Smith* est essentielle et fondamentale en *économie politique* ; J.-B. Say lui-même l'a proclamé dans ses notes sur *Ricardo*, et le sens commun témoigne hautement en faveur de cette distinction. Il y a effectivement une différence, et une différence tranchée entre l'*utilité* et la *valeur d'échange*. Ce sont deux choses qu'il est impossible de confondre. L'*utilité* est, il est vrai, la condition de la valeur d'échange. Un objet qui serait inutile, qui ne pourrait servir à rien, ou qui ne pourrait satisfaire à aucun besoin, serait, par cela même, dépourvu de toute valeur ; mais la valeur n'a pas sa cause dans l'utilité ; c'est ce qu'il est facile de démontrer par le raisonnement.

Pour que la valeur vînt de l'utilité, il faudrait : 1° que, partout où il y a de l'utilité, il y eût aussi de la valeur échangeable ; 2° Que la valeur échangeable fût proportionnée à l'utilité. Et, en effet, tel est le double caractère qui se présente dans le rapport de causalité ; telle est la double condition qui nous sert à le reconnaître et qui nous autorise à l'établir. Le concours perpétuel, et sans cesse réitéré, de deux faits, et la proportion constante entre l'un et l'autre, sont les deux circonstances éminentes qui nous font juger du rapport de causalité qui existe entre eux. Je ne veux pas dire par là que le rapport de causalité s'établisse légitimement et nécessairement partout où s'observent les deux circonstances ci-dessus énoncées.

Ce que j'affirme, c'est que partout où il y aura réellement un rapport de causalité, l'observation devra saisir et signaler la double circonstance que je signale. Il est impossible d'admettre que, deux faits étant donnés, l'un soit l'effet de l'autre, si l'un des deux ne se produit pas toutes les fois que l'autre se produit, et si celui-là n'est pas plus ou moins intense, plus ou moins prononcé, suivant que celui-ci se présente à son tour, avec plus ou moins d'intensité, avec plus ou moins d'énergie. Pourquoi jugeons-nous que le soleil est la cause de la lumière, ou que la lumière vient du soleil ? Parce que toutes les fois que le soleil paraît, la lumière vient à sa suite, et parce que la lumière est d'autant plus vive que le soleil lui-même est plus apparent. Pourquoi disons-nous que la chaleur est la cause de la dilatation des corps ? Parce que tout corps qui est échauffé se dilate, et parce qu'il se dilate d'autant plus qu'il est plus échauffé. Il n'y a rien de plus évident que ce principe. J'ai donc raison de dire que, si la valeur venait de l'utilité, si l'utilité était la véritable cause de la valeur, il faudrait d'abord que la valeur accompagnât toujours l'utilité, et, en second lieu, que la valeur fut d'autant plus forte ou d'autant plus faible, que l'utilité serait elle-même plus grande ou plus petite. Or, malheureusement pour la doctrine de *Condillac* et de *J.-B. Say*, voilà précisément ce qui n'a pas lieu. Ici encore les laits sont sous nos yeux. Nous n'avons autre chose à faire qu'à observer et à conclure.

Et d'abord il n'est pas vrai que la *valeur* soit la suite nécessaire, la conséquence inévitable de l'*utilité*. Il y a beaucoup de choses utiles, et très utiles, qui ne valent rien. Ainsi, l'air respirable, la lumière du soleil, l'eau commune, sont des choses utiles, très utiles même, très nécessaires, et cependant ces choses-là n'ont aucune valeur d'échange ; elles ne sauraient faire l'objet de la *vente* ou de l'*achat*. C'est ainsi du moins, que les choses se passent généralement et dans le plus grand nombre de cas. Si les choses que je viens d'énumérer obtiennent quelquefois une valeur d'échange, ce n'est évidemment que dans quelques circonstances extraordinaires, et tout à fait exceptionnelles.

Il ne faut pas croire, du reste, que cette objection ait échappé à *Condillac* ou à *J.-B. Say*, et il est curieux de comparer les efforts qu'ils ont faits pour la résoudre. *Condillac* prétend que, partout où il y a de l'utilité, il y a de la valeur échangeable, et il s'évertue à prouver que l'eau commune, l'air respirable et la lumière du soleil ont une valeur d'échange. Cependant, comme *Condillac* n'a jamais vu personne s'en aller au marché, pour y faire sa provision d'air ou de lumière, et donner de l'or, de l'argent ou de toute autre marchandise, pour se procurer ces divers objets, il faut qu'il cherche à démontrer que, malgré les apparences, ces biens nous coûtent quelque chose ; et ici il se fonde sur une observation fort juste en elle-même, et que je suis très loin de contester, mais qui n'a certainement pas la portée qu'il lui attribue. « Quoiqu'on ne donne point d'argent pour se procurer une chose, dit *Condillac*, elle coûte, si elle coûte un travail. » Soit. Voilà donc *Condillac* affirmant que, lorsque nous sommes loin de la rivière, l'eau nous coûte l'action de l'aller chercher, et que, lorsque nous sommes sur le bord de la rivière, l'eau nous coûte l'action de nous baisser pour en prendre. Il ajoute à cela que l'air nous coûte tout ce que nous faisons pour le respirer, pour en changer, pour le renouveler, et qu'enfin il nous coûte encore du travail ou de l'argent pour employer à nos usages les rayons du soleil.

Je tombe d'accord avec *Condillac*, que le travail a une valeur, et que payer en argent ou payer en travail, c'est toujours payer. Mais il ne faut pas abuser des termes et mettre des subtilités à la place du sens commun. Appeler *travail* l'action d'un homme qui s'approche d'une fontaine pour se désaltérer, l'action d'un homme qui s'épanouit aux rayons du soleil, ou l'action de celui qui ouvre la bouche pour laisser pénétrer l'air dans ses poumons, en vérité, c'est se moquer de ses lecteurs. Ces assertions ne valent pas la peine d'être réfutées ; elles ne sont bonnes qu'à fournir une triste et millième preuve de l'obstination à laquelle on se laisser entraîner par l'esprit de système.

Ce qu'il y a de bon, c'est que l'obstination même ne sert à rien, et que la vérité est plus forte que l'esprit de système. *Condillac* convient que la valeur de l'eau, de l'air et de la lumière est aussi faible que possible. Mais une valeur aussi faible que possible ne diffère guère d'une valeur infiniment petite, et une valeur infiniment petite s'appelle aussi, eu d'autres termes, une valeur nulle. Il est donc évident, quoi que puisse en dire *Condillac*, que l'utilité peut être séparée de la valeur d'échange, et que, par conséquent, on ne peut pas rattacher la valeur à l'utilité comme à sa cause nécessaire.

J.-B. Say a suivi une tout autre route que *Condillac*. Il prétend, lui, que l'eau commune, l'air respirable, la lumière du soleil ont une utilité immense, infinie, et que ces choses-là ont, par conséquent, et, pour ainsi parler, une valeur également sans bornes ; *J.-B. Say* se fonde sur cette considération que les services que nous rendent les divers objets que nous venons d'énumérer sont si nécessaires à notre existence, que leur privation ne saurait être compensée par aucun autre objet, et que, comme nous n'avons aucun moyen d'atteindre à leur prix, nous n'avons, non plus, aucune raison d'en céder l'usage. C'est ce qui fait que nous en jouissons tous gratuitement. Ainsi, suivant *Condillac*, l'eau commune, l'air, et la lumière du soleil ne coûtent rien ou presque rien ; ils ont la plus petite valeur possible. Suivant *J.-B. Say*, au contraire, ces biens ont une utilité immense, infinie, et par conséquent une valeur aussi élevée que possible, une valeur qui dépasse tous nos moyens d'acquisition. Voilà pourquoi ils ne sont jamais l'objet d'une vente ni d'un achat. L'explication est singulièrement bizarre. Il est difficile de comprendre que nous jouissions de certains biens gratuitement, précisément parce qu'ils ont une valeur infinie. Mais encore faudrait-il au moins que ces choses-là ne fussent jamais l'objet d'un échange. Malheureusement pour la théorie de *J.-B. Say*, l'air respirable, la lumière du soleil et l'eau commune se vendent et s'achètent quelquefois, et leur valeur se proportionne, dans certaines circonstances, à d'autres valeurs qui ne sont rien moins qu'infinies.

Et cependant, il y a dans la doctrine de *J.-B. Say* quelque chose d'incontestable. On ne peut pas nier, en effet, que l'air et la lumière, le calorique et l'eau commune ne soient pour nous des choses si utiles que rien au monde ne peut les remplacer. Les besoins que tous ces objets sont destinés à satisfaire, les jouissances qu'ils nous procurent sont la condition même de notre vie. Nous ne saurions en être privés longtemps sans périr. Mais il y a un autre fait dont *J.-B. Say* n'a pas voulu tenir compte, et il a eu tort. L'observation, pour être bonne, doit être complète. Ne peut-on pas dire aussi que l'eau, la lumière et l'air sont des choses dont le service est si généralement répandu qu'on n'a presque jamais besoin de faire le moindre sacrifice pour se les procurer. Leur abondance est telle, grâce à Dieu, que chacun de nous en a toujours autant qu'il en désire et que personne n'en est privé. Ce qu'il y a de plus remarquable dans ces objets, sous le rapport de l'immensité, ce n'est pas tant l'*utilité* dont ils jouissent que la *quantité* avec laquelle la nature nous les prodigue. Lorsqu'on veut leur attribuer une valeur infinie, on se trompe du tout ou tout, on s'égare complètement. Et, en effet, au lieu d'être infiniment grande, cette valeur est infiniment petite, ou, pour mieux dire tout à fait nulle. L'explication de *Condillac* est bien plus satisfaisante que celle de *J.-B. Say*. La preuve de notre assertion résulte évidemment de ce que nous en jouissons tous gratuitement, et que nous n'avons pas besoin de faire le moindre sacrifice pour nous en assurer la possession. Si les économistes français avaient voulu chercher la raison de ce fait, il est permis de croire qu'ils se seraient singulièrement rapprochés de la vérité, sur la question de l'origine de la valeur, et sur le rôle que joue en *économie politique* l'utilité. Quoi qu'il en soit, les expressions de *Condillac* me paraissent plus satisfaisantes et moins paradoxales que celles de *J.-B. Say*.

Non-seulement la valeur d'échange n'accompagne pas toujours l'utilité ; il ne manque pas de choses utiles qui ne valent rien ; non seulement l'utilité se montre souvent toute seule et sans que la valeur l'accompagne, mais il arrive encore que, dans les choses qui sont utiles et valables tout à la fois, la valeur ne se proportionne point à l'utilité, et cette vérité qu'on ne peut révoquer en doute porte un nouveau coup à la doctrine de *Condillac* et de *J.-B. Say*.

Il est impossible d'assigner les bornes à l'*utilité*, dans l'acception économique de cette expression. L'utilité se prend, en *économie politique*, dans le sens le plus étendu. Les mets les plus recherchés, et, par cela même, les plus malsains sont utiles au gourmand, et les parures les plus incommodes sont utiles à l'esclave de la vanité. Le poignard sert à l'assassin et le poison sert à l'empoisonneur. Par où l'on voit que, lorsqu'il est question d'utilité en *économie politique*, il faut faire abstraction de la prudence et même de la moralité qui s'attachent à nos actions et à l'usage que nous faisons des êtres impersonnels, pour ne tenir compte que du besoin bien ou mal fondé qui nous fait désirer tel ou tel objet que nous jugeons propre à le satisfaire.

Cela posé, nous pouvons remarquer encore qu'il est assez difficile d'établir différents degrés d'utilité parmi le nombre incalculable de choses dont nous nous servons. On distingue assez généralement parmi les objets qui nous sont utiles ceux qui sont absolument *nécessaires* à notre conservation et ceux qui nous sont purement *agréables*. C'est une distinction fort ancienne que celle du *nécessaire* et du *superflu*. Plusieurs tentatives ont été faites, pour agrandir cette nomenclature, et l'on peut mettre au nombre des plus heureuses celle de *M. Massias* qui a distingué des valeurs de première *nécessité*, des valeurs d'*agrément*, des valeurs de *luxe* et des valeurs de *fantaisie* ou de caprice. On peut approuver ou rejeter cette distribution de tous les objets utiles. On peut surtout se diviser pour savoir où finit le *nécessaire* et où commence l'*agréable*, pour tracer la ligne de démarcation entre le *luxe* et le *caprice*. Mais quelque difficulté qu'il y ait à apprécier rigoureusement les diverses espèces d'utilité, et quoiqu'il me paraisse impossible d'en établir jamais une classification exempte d'arbitraire, il sera toujours facile d'apercevoir que, parmi toutes ces utilités, il y en a de moins réelles ou, si l'on veut, de moins raisonnables, de moins fondées les unes que les autres. Le pain est certainement plus utile que tel ou tel bijou, et la viande de nous sert beaucoup mieux que les feux d'artifice. On ne voit pas pourtant qu'une bague ou un bracelet en or ou en diamant soit moins prisé qu'une livre de pain, ni qu'un feu d'artifice se paye moins cher qu'un quartier de bœuf. *Condillac* et *J.-B. Say* pourront-ils nous dire pourquoi une plume d'autruche a plus de valeur qu'une plume d'oie, et pourquoi un magistrat intègre et éclairé, un administrateur habile sont bien moins rétribués qu'un danseur ? Il suit de ces exemples et d'une foule d'autres qu'on pourrait invoquer que la valeur d'échange ne se proportionne pas à l'utilité, et que, par conséquent, ce n'est pas dans l'utilité qu'il faut placer la source, de la valeur d'échange.

Cette proportion naturelle qui doit exister entre la valeur d'échange et la cause quelconque qui la produit est encore une idée qui a embarrassé *Condillac* et *J.-B. Say* parce qu'ils ont senti tout le parti qu'on pouvait en tirer contre leur doctrine, et, pour répondre à cette difficulté, ils se sont vus obligés d'être infidèles à leur premier principe ; mais ici encore il est curieux de signaler la différence qui existe entre l'explication de *Condillac* et celle de *J.-B. Say*.

Condillac s'est complètement égaré lorsqu'il a voulu expliquer les variations dont la valeur d'échange est susceptible. Après avoir dit que la valeur a son fondement dans l'utilité, il ajoute que la Valeur augmente dans la *rareté* et diminue dans *l'abondance*. Évidemment il y a ici une contradiction frappante dans le principe de notre philosophe. Ou la valeur vient de l'utilité, et alors la valeur grandit et diminue avec l'utilité elle-même ; ou la valeur grandit et diminue suivant un autre principe que celui de l'utilité, et alors la valeur prend sa source dans ce nouveau principe dont elle partage les variations. Pourquoi un fait quelconque se proportionnerait-il à autre chose qu'à sa cause ? Et pourquoi une cause quelconque exercerait-elle une influence sur un effet qu'elle ne produit point, qui ne provient pas d'elle ?

Mais *Condillac* ne s'arrête pas là. Il prétend que la valeur des choses est fondée sur leur rareté ou sur leur abondance, lorsque l'utilité teste la même. « Mais, ajoute-t-il, si l'on suppose que les choses sont également rares ou également abondantes, on leur attribue plus ou moins de valeur, suivant qu'on les juge plus ou moins utiles. »

Ainsi, l'utilité étant la même, la valeur grandit ou diminue avec la rareté, et la rareté étant la même, la valeur grandit et diminue avec l'utilité. Telle est en résumé la doctrine de *Condillac*. Ce qui revient à dire, comme on le voit, que la *valeur d'échange* est en raison composée de l'*utilité* et de la *rareté*. *Condillac* n'a pas tiré cette conclusion ; mais la logique et l'arithmétique nous autorisent à la tirer ; car elle découle nécessairement des prémisses qu'il a établies.

Or, la doctrine de *Condillac*, ainsi comprise, est inadmissible. La valeur d'échange n'est point en raison composée de l'utilité et de la rareté, car pour cela il faudrait qu'elle fût en raison directe de l'une et de l'autre. Or je soutiens que la valeur d'échange né grandit ni ne diminue avec l'utilité. L'utilité est la condition de la valeur d'échange, mais elle n'en est pas la cause. Il y a des choses utiles, très utiles même, qui ne valent rien, et il y a des choses très-superflues qui coûtent excessivement cher. Ici les faits sont pour moi et la théorie de *Condillac* est en contradiction avec les faits.

Il n'y a qu'une chose que je puisse accorder à *Condillac* : c'est que la valeur grandit avec la rareté et qu'elle diminue au sein de l'abondance ; mais il ne faut pas s'imaginer que ce principe puisse se concilier avec cet autre que l'utilité est là cause de la valeur. Ainsi pour revenir à la vérité, il faut absolument que *Condillac* sacrifie sa première assertion et qu'il soit le premier à se donner lui-même un démenti.

Mais *Condillac* ne s'est pas aperçu qu'il ne se comprenait pas lui-même, lorsqu'il disait : *L'utilité restant la même*. Cette expression, *la même utilité*, est une expression amphibologique et qui présente un double sens. L'utilité peut être considérée dans sa *nature* ou, si l'on veut, dans son *intensité*, dans l'aptitude qu'elle présenté à satisfaire un besoin, ou à procurer une jouissance. Elle peut être considérée aussi dans sa *somme* ou dans sa *quantité*, c'est-à-dire dans le nombre de choses utiles, dans la grandeur de l'approvisionnement. Or, quand on parle d'une utilité qui reste la même, il faut avoir soin de dire si l'on entend que l'utilité ne change pas sous le rapport de sa nature, de son intensité, ou si l'on entend par là que la somme des choses utiles ne subit aucun changement. *Condillac* ne fait pas attention à cette différence. S'il avait eu soin d'en tenir compte, il aurait vu que l'utilité considérée dans sa nature n'exerce aucune influence sur la valeur d'échange, que c'est l'utilité considérée dans sa somme ou dans sa *quantité* qui exerce de l'influence sur la valeur. Au reste, l'explication de *Condillac*, ici comme tout à l'heure, brise son principe ; mais elle a du moins l'avantage de nous ramener vers la vérité.

Il n'en est pas de même de *J.-B. Say*. Le disciple a été plus malheureux ou plus mal inspiré que le maître. *J.-B. Say*, comme *Condillac*, a prévu l'objection qu'on pourrait faire à sa doctrine, et, comme *Condillac*, il a voulu la prévenir. Il a donc répudié son premier principe. Mais, au lieu de se rapprocher de la vérité, il s'en est écarté dans un autre sens ; il est venu se jeter dans les bras de l'école anglaise. Et, en effet, après avoir avancé que la valeur venait de l'utilité, *J.-B. Say* distingue une *utilité naturelle* et une *utilité produite*, et il nous enseigne que la valeur d'échange se proportionne à l'*utilité produite* seulement. Certes l'explication a droit de nous surprendre. Et, en effet cela revient à dire que la *production* est la cause de la valeur ; car, comme je le disais tout à l'heure, un effet ne saurait se proportionner à autre chose qu'à sa cause. *J.-B. Say* est donc obligé d'en revenir à la doctrine d'*Adam Smith* et de son école, et de placer dans la *production* l'origine de la richesse sociale et de la valeur qui la caractérise. Sans doute, *J.-B. Say* se fait de la production une idée plus large et moins fautive que celle de ses devanciers. Personne plus que moi n'est disposé à rendre hommage aux améliorations que *J.-B. Say* a introduites dans la science de la richesse. Grâce à lui, nous savons que la production se compose d'autre chose que de *travail*, et que les services des capitaux et les services des fonds de terre figurent au nombre des services productifs. J'aime à reconnaître et à proclamer la supériorité de la doctrine de *J.-B. Say*, comparée à celle des économistes anglais. Mais peu importe ici cette supériorité. *J.-B. Say* n'en soutient pas moins que la valeur se proportionne à l'*utilité produite* ; d'où je conclus que la valeur vient de la *production* ou que la valeur des produits représente la valeur des services productifs. Mais la valeur des services productifs, d'où vient-elle donc, et à quoi se proportionne-t-elle ? Telle est la question qu'on peut adresser à *J.-B. Say*, et, à moins qu'il ne veuille tomber, comme il l'a fait, dans un cercle vicieux, en invoquant encore ici l'*utilité*, il faudra bien qu'il s'adresse à un autre principe pour trouver l'origine de la valeur, soit des produits, soit des services productifs.

Si les économistes anglais n'ont tenu compte que du travail de l'homme dans les frais de la production, *J.-B. Say* ne tient compte, à son tour, que des services productifs qui ont de la valeur ou qui se font payer. Les services productifs reconnus par *J.-B. Say* sont les *services fonciers*, les *services industriels* et les *services des capitaux*. Ce sont là des services valables, des services dont l'usage et l'emploi se font payer ; mais il y a d'autres services productifs qui sont très utiles, très importants dans l'œuvre de la production, et dont le concours ne se paye point. Tels sont le vent, la chaleur solaire, la pesanteur, l'attraction, l'affinité chimique, toutes les forces naturelles qui s'exercent d'une manière universelle et plus ou moins permanente. *J.-B. Say* a proclamé lui-même l'utilité de tous ces agents naturels Mais pourquoi donc *J.-B. Say* ne s'est-il point demandé la cause de la différence qui existe entre les fonds de terre et les autres agents naturels dont il a proclamé l'utilité ? Il ne pouvait pas ignorer cependant, et il l'a reconnu lui-même en termes exprès, que tandis qu'on paye le service d'un champ, d'un capital ou d'un ouvrier, on ne paye pas le service du soleil, du vent, ou de la pression atmosphérique. Or encore une fois où est la raison de cette différence ? et comment *J.-B. Say*, n'a-t-il pas senti la nécessité de se faire cette question ? S'il y a des services productifs qui se payent en raison de leur utilité, pourquoi les autres agents naturels, dont l'utilité n'est pas moins certaine, ne se font-ils pas payer ? *J.-B. Say* répond, il est vrai, que si les agents naturels, tels que le vent, le soleil et l'eau commune, ne se payent point, c'est précisément parce qu'ils ont une utilité immense, infinie, et que leur valeur est également sans bornes. Singulier raisonnement dont j'ai déjà fait la critique ! La valeur vient de l'utilité ; les choses qui ont une utilité immense, infinie, ont une valeur sans bornes ; et de là vient que nous ne les payons point et que nous en jouissons tous gratuitement Et maintenant, je le demande de bonne foi, que faut-il penser d'un principe qui se défend par une pareille argumentation ?

Ainsi, malgré la diversité de leur point de départ, et malgré toutes les discussions qui se sont élevées entre eux on voit, par, cette analyse rapide, que les écrivains des deux écoles, anglaise et française, sont mutuellement poussés les uns vers les autres, et qu'ils se rapprochent beaucoup plus qu'ils ne paraissent le croire ou qu'ils ne sont disposés à en convenir. La seule différence qu'il y ait entre les deux écoles se trouve dans la manière dont elles définissent la *production*. *J.-B. Say* met au nombre des services productifs les *services industriels*, les *services fonciers* et les *services des capitaux*, tandis que les écrivains anglais ne tiennent compte que du *travail*. Du reste, les écrivains anglais ne peuvent s'empêcher, dès qu'on les presse un peu vivement, d'invoquer le principe de l'*utilité*, pour expliquer la valeur du travail ; et d'un autre côté, *J.-B. Say*, pour expliquer la proportion qui doit exister naturellement entre la valeur et la cause quelconque qui la produit, est obligé de mettre en avant son *utilité produite*, ou d'avoir recours à la *production*. Ainsi se dévoile l'analogie qui existe entre les deux systèmes. On voit qu'ils ont besoin l'un de l'autre pour s'étayer et pour se compléter tant bien que mal. Mais ce qu'il y a de plus remarquable ici, et ce que j'ai essayé de faire ressortir, c'est que, malgré l'appui mutuel qu'ils se prêtent, les deux systèmes n'en sont pas moins caduques l'un et l'autre. Aux économistes de l'école anglaise qui placent dans le *travail* ou dans les *frais de la production* l'origine de la *valeur d'échange*, j'ai montré des valeurs antérieures à la production, des richesses sociales qui ne sont pas le fruit du travail. En second lieu, je leur ai montré que la production n'est qu'un *échange* dans lequel on donne des services productifs et dans lequel on reçoit des pro, duits, et je les-ai mis en demeure de répondre à cette question : D'où vient la valeur des services productifs ? Aux économistes de l'école française, aux adeptes de *Condillac* et de *J.-B. Say*, qui placent la cause de la valeur dans l'*utilité*, j'ai fait voir qu'il y a des choses utiles qui ne valent rien ; je leur ai montré que la valeur ne se proportionne pas à l'utilité ; et, à l'aide de faits éclatants, incontestables, j'ai ruiné également l'un et l'autre système.

Et cependant, de l'examen rapide de ces deux doctrines, nous pouvons tirer des conclusions très utiles et très importantes.

En effet, on a senti que le point de départ de l'*économie politique* était le besoin de l'homme et l'*utilité* des choses extérieures. On a compris que, dans un sens large et absolu, l'*utilité* était la véritable *richesse*, mais que l'objet de l'*économie politique* était la *richesse sociale* ou la *valeur d'échange*. On a vaguement entrevu qu'entre l'*utilité* et la *valeur échangeable*, il y avait un, fait, un fait capital qui donnait naissance à cette dernière, et auquel cette dernière se proportionnait et devait se proportionner. À défaut de tout autre principe de restriction, et grâce à cette précipitation naturelle qui accompagne nos premières recherches en toutes choses, on a invoqué le *travail* ou les *frais de la production*. Mais comme l'observation ne tarde pas à découvrir et à signaler des valeurs antérieures au *travail* ou à la *production*, les uns se sont obstinés à chasser du domaine de l'*économie politique* toutes les richesses qui ne sont pas le fruit du travail, et, par là, ils ont mutilé la science, ils lui ont enlevé une portion de son domaine ; les autres, pour expliquer l'origine de ces *valeurs*, qui ne sont pas *produites*, et même, dans tous les cas, pour expliquer la valeur des services productifs, sont revenus au principe de l'*utilité*, oubliant qu'ils avaient d'abord proclamé comme un principe fondamental en *économie politique* la distinction que *Smith* a établie entre l'*utilité* et la *valeur d'échange*, et agrandissant ainsi mal à propos le champ de la science qu'ils cultivaient. Tout cela indique suffisamment combien est vicieux le principe de restriction invoqué jusqu'à présent pour faire sortir la *valeur* de l'*utilité*, et combien il est urgent d'en invoquer un autre.

Or, ce nouveau principe est précisément celui que j'ai développé ailleurs,[1] et que j'ai reproduit toutes les fois que l'occasion s'en est présentée ; ce principe n'est autre chose que la *limitation* dans la quantité et la *rareté* qui en résulte. Je suis d'accord avec *Adam Smith*, avec *J.-B. Say*, avec *Ricardo*, avec *Mac-Culloch*, sur deux principes importants, savoir, que l'*économie politique* est la science de la *richesse sociale*, et que la *richesse sociale* se compose de *valeurs échangeables*. Quant à l'origine de la valeur échangeable, je me sépare complètement de tous ces économistes célèbres. Je n'ai rien négligé pour démontrer que la *valeur d'échange* prenait sa source dans la *rareté*, et j'ai très clairement indiqué ce qu'il fallait entendre par cette expression. Ce principe explique tout, et suffit à tout. Il rend compte de la *valeur* et de toutes les variations que la valeur peut éprouver. Il explique la valeur du *travail* et la valeur de tous les *services productifs* qui en ont une. Il explique la valeur et toutes les nuances de la valeur, le taux des différentes valeurs et toutes les variations dont ce taux peut être susceptible. Souple et fécond comme la vérité, il explique les cas généraux et les cas exceptionnels. Il représente fidèlement la nature des choses dans son identité fondamentale et dans son inépuisable variété. On peut dire que les économistes les plus célèbres, ceux de France, comme ceux d'Angleterre, ont gravité autour de lui sans avoir le bonheur de le rencontrer ; mais, aujourd'hui, il y aurait une obstination déplorable à ne pas le reconnaître, et je crois l'avoir mis dans un jour suffisant pour qu'on ne soit plus tenté de le contester.

---

[1] De la nature de la richesse et de l'origine de la valeur. Un vol. in-8°, 1831.

ISBN : 978-1986581820

www.ingramcontent.com/pod-product-compliance
Lightning Source LLC
Chambersburg PA
CBHW070958220526
45471CB00007B/3087